JN101204

主日の福音を生きる〔B年〕

—日々の生活をみことばとともに—

レナト・フィリピーニ

大分女子カルメル修道会　　共著

サンパウロ

献　辞

今年創立 45 周年を迎え、世界中の多くの人道的な
業の実現に貢献してきた MIVO' 75 グループの皆
さんへ

故ジャンバティスタ、フランコとマリを悼み、
サンドロ、フランチェスコ、ヴィンチェンツォ、
ルイジ、アントニオ、イタロ、ルチャノ、マルタ、
ダリアと父パオロに感謝をこめて

Nella ricorrenza del 45esimo anno di fondazione ai
membri del gruppo "MIVO' 75" i quali con il ricavato
delle loro attività di volontariato hanno contribuito alla
realizzazione di tanti progetti umanitari nel mondo.

Alla memoria di Gianbattista Bonetti, Franco Veglianti e
Mari Ferrari. Con gratitudine a Sandro Ruggeri, Francesco
Zedda, Vincenzo Pellegrinelli, Luigi Gazzoldi, Antonio
Gussago, Italo Reali, Luciano Minelli, Marta Pescatori,
Daria Lancini e mio papà Paolo Filippini.

序　文

　「合縁奇縁」という四字熟語があります。これは不思議なめぐり合わせの縁で、お互いに気心が合うかどうかは、みな縁によるものという不思議な力のことです。この本は、まさに「合縁奇縁」という言葉がふさわしいものです。宣教師であるわたしと、大分にある女子カルメル修道会の聖マリア修道院のシスターたちとの絆と分かち合いの実り、つまり共作だからです。もう二十年もたちましたが、わたしは日本語学校を卒業したばかりの新米宣教師で、本格的な活動を始めようとしていた頃に観想修道会のシスターたちと出会いました。それから協力関係が生まれました。宣教と司牧に関する企画や講話を依頼される度に、シスターたちに祈りの支えをお願いしています。シスターたちからの霊的な支えとアドバイスはもちろんですが、手作りケーキやジャム、自家製の野菜ジュースなど、身体的な支えもいただいています。

　一昨年からは、携帯電話のショートメールとファックスによって主日の福音を分かち合っています。ある日、わたしの方から「せっかくの良い分かち合いですので、一人でも多くの人たちに広めましょう」とシスターたち

に提案しました。皆さんのお手元にあるこの本は、その成果です。マルコ福音書（Ｂ年）の主日の原稿を作成するにあたり、四人のシスターたちと分担して原稿を書き、成功を祈るなどの協力をいただきました。

　今回の出版にあたって、シスターたちからメッセージをいただきました。

　二十年ほど前にレナト神父さまから祈りの応援を願われた時、当然のこととして喜んでお引き受けました。それは、わたしたちカルメル会員の生涯は、幼いイエスの聖テレーズもそうでしたが、人々の霊魂の救いと福音宣教の最前線で働いておられる司祭方のためにささげられているからです。

　毎週共同体で主日のみことばを分かち合い、その後一週間そのみことばを「心に保って思いめぐらして」いますが、それに加えて、レナト神父さまのご提案によって四百字の文章に書きつづるという作業を行ってみますと、みことばが一段と深くくい込んでくるという経験をいたしました。皆さまもぜひこの作業を行ってくださるようおすすめします。

　イエスの生と死、それを目撃した人々の生と死、その後どれだけの人々の生と死を経てわたしたちのもとにこのみことばが届けられたことでしょうか。わたしたちも

その人々の群れに加えていただけることを願いつつ。

　宣教師と観想修道会のシスターという組み合わせは、「合縁奇縁」のようで不思議に思われるかもしれません。しかし、そもそも宣教の保護者にはフランシスコ・ザビエルとともに、観想修道女の幼きイエスの聖テレジアがいるのではないでしょうか。ザビエルは四十六年の生涯のうち、三分の一が旅であったと言われています。テレジアは、わずか二十四年の生涯でしたが、リジューの修道院に入ってから死ぬまで一歩も外に出ることなく内院で暮らしていました。この二人の先人を模範とし、宣教師と観想修道会のシスターというそれぞれの立場から、日本という土壌にイエスの福音をまく使命を果たすために、この本が役に立てば幸いです。

　既刊の『主日の福音を生きる〔C年〕』の序文にも書きましたが、まず、聖書を開いてください。お手持ちの聖書か、「聖書と典礼」のパンフレットや「毎日のミサ」の冊子を利用するのもいいでしょう。また、多忙なため、聖書を読むことが難しい方は、毎日のみことばがメールで配信されるホームページ（「日ごとの福音」https://www.higotonofukuin.org）を訪れてみるのもいいでしょう。そして、次の4点を実践してみましょう。

1. その週の主日のみことばを朗読しましょう。
2. しばらく沈黙してから黙想文を読みましょう。
3.「今週のみことば」は、当日のみことばの中から一つの聖句が提供されています。時々それを思い出し、読み返してみましょう。
4.「今週もみことばとともに暮らしながら」は、みことばを実践するためのヒントです。一日の始まりである朝なら、その日の福音的な「ばね」としてみるといいでしょう。また、一日の終わりである夜なら、寝る前に一日を振り返る視点とするのはいかがでしょうか。

　今回、黙想文の最後に「メモ」という言葉を入れました。主日の朗読は、三年周期です。同じ福音箇所を黙想しても、回数を重ねていく度に、その時の心境と人生の経験によって以前とは異なる気づきが出てくるはずです。新たな気づきは、自分の成長とみことばの豊かさを実感させてくれるでしょう。
　この本の出版にあたり、シスターたちの手書きの原稿を入力してくださった玉名教会の藤田弥生さんにお礼を申し上げます。そして、この本に収録されているすべての日本語の原稿に目を通してくださった株式会社ヒューマン・ブレーンの香川理恵先生に感謝いたします。先生

として熱心に指導し、第一読者として時には厳しい指摘をし、また友人として出版を支持してくださいました。縁の下の力持ちの存在である香川先生に改めて心から感謝いたします。

　　宣教の保護者　聖テレジア（幼いイエスの）おとめ教会
　　博士の記念日

　　　　　　　　　　2020 年 10 月 1 日

目　次

典礼暦　（B 年）

待 降 節

降 誕 節

年間 1（降誕節後）

四 旬 節

待降節

待降節第 1 主日　　（マルコ 13・33―37）

目を覚ましていなさい

　今日の福音では、「目を覚ましていなさい」という言葉が三度繰り返し述べられています。イエスは天に上げられる時、弟子たちに「全世界に行って、すべての造られたものに福音を宣べ伝えなさい」（マルコ 16・15）と言いました。

　キリスト者とは、主人であるイエスの切なる思いをいただいた弟子たち、すなわち僕たちに他なりません。主人不在の夜、主人の思いを知りながら、自分のしたいようにする僕たちが眠ってしまうのは当然です。そして主人の突然の帰宅は、僕たちにとって不意打ちであり、恐怖となるのです。

　一方、主人の愛を見て、その愛に何とか応えるために有らん限りの力を尽くす僕たちにとっては、主人の突然の帰宅は待ち焦がれた主人との再会の時であり、歓喜でもあります。主イエスがわたしたちに「目を覚ましていなさい」と言われていることを心にとどめておきましょう。

今週のみことば

目を覚ましていなさい。

今週もみことばとともに暮らしながら

あなたに対する主の思いを心を開いて受けと
めましょう。

メ　モ

待降節第2主日　　（マルコ1・1—8）

聖霊が主人公

　洗礼者ヨハネの登場は、人々を大いに驚かせたに違いありません。しかし、ヨハネは「わたしよりも優れた方が、後から来られる。[……] わたしは水であなたたちに洗礼を授けたが、その方は聖霊で洗礼をお授けになる」と公言します。

　ヨハネの洗礼は、「水」というシンボルを用いた罪のゆるしを得させるための洗礼でした。しかしイエスの洗礼は、これとは次元の異なるもの、すなわち神である「聖霊」の介入によるものだというのです。つまり、イエスの洗礼を受けた人は「聖霊が宿ってくださる神殿」となり、「もはや自分自身のものではない」のです（一コリント6・19）。

　わたしたちは聖霊によって洗礼を授けていただいたのだということを、共に神様に感謝しましょう。そして、素直に聴き従う者となれるよう、わたしたちの内に住む聖霊に祈り求めましょう。

今週のみことば

その方は聖霊で洗礼をお授けになる。

今週もみことばとともに暮らしながら

わたしたちの内に住む聖霊に意識を向けま
しょう。

メ　モ

待降節第3主日　　（ヨハネ1・6—8、19—28）

レターレ（喜び）

　洗礼者ヨハネの「光について証しをするために来た」という言葉に耳を傾けてみましょう。「あなたがたの中には、あなたがたの知らない方がおられる」と続きますが、ここで言う「あなたがたの知らない方」とは、主イエスのことに他なりません。事実、主イエスがわたしたちの中にいるとヨハネは断言したのです。

　なんという慰めに満ちた言葉でしょう。わたしたちの日常の苦しみが重くのしかかり、身動きがとれなくなってしまったと感じる時、また、神が遠くに行ってしまったと思う時、わたしたちの信仰を奮い立たせるこの言葉を繰り返してみましょう。わたしたちの中に主イエスがいるのです。わたしたちを救おうと待っているのです。

　教会では、待降節第3主日を「レターレ（喜び）」と呼んできました。わたしたちの中にいる救い主イエスと共に生きる、これに勝る喜びがあるでしょうか。毎日を「レターレ」としましょう。

今週のみことば

あなたがたの中には、あなたがたの知らない方がおられる。

今週もみことばとともに暮らしながら

主イエスが、救い主としてわたしたちの内にいることを思い出しましょう。

メモ

待降節第4主日 　（ルカ1・26—38）

恵まれた方

　天使ガブリエルが「おめでとう、恵まれた方。主があなたと共におられる」とマリアに言いましたが、すばらしい賛辞ではありませんか。ナザレの町の特別目立ったところなどないごく普通の少女マリアが、神の目には「恵まれた」者であり、主との親しさを生きている者だと天使は言うのです。もちろん、神がマリアを神の母にしようと「御心のままに前もって」選ばれたことに由来します（エフェソ1・5）。マリアも、神の無償の選びに対して日々応えていた、すなわち神のいつくしみがマリアに何の妨げもなく注がれ、働くにまかせていたからです。

　マリアが天使に「あなたは身ごもって男の子を産む」と言われた時、単純に「どうして、そのようなことがありえましょうか」と尋ねます。しかし、天使が聖霊によって神の子を宿すと告げると、即座に「お言葉どおり、この身に成りますように」と応えたのです。救いの歴史が始まる決定的瞬間であるマリアの受け入れを、感謝のう

ちに静かに思いめぐらしましょう。

今週のみことば

　わたしは主のはしためです。お言葉どおり、この身に成りますように。

今週もみことばとともに暮らしながら

　マリアのように、神のいつくしみがわたしたちに注がれ、働くにまかせましょう。

メ　モ

降誕節

主の降誕（夜）　（ルカ2・1―14）

人生を養う生き方

　餌箱である飼い葉桶にイエスが置かれました。人生の糧であるイエスは、24日の夜だけでなく、年中わたしたちを養い、人生にいつも寄り添ってくれます。二千年を経ても、イエスの生き方とその価値観は、多くの人たちの人生を養い続けています。現在、二十億人以上のキリスト者たちが、自分の生きがいとしてイエスになろうとしているのです。

　クリスマスの精神は、贈り物です。わたしたちは、家族や友人同士でプレゼントを交換します。また、クリスマスの募金やチャリティー・コンサートなど、大規模で社会的にも行われるものもあります。では、この精神はどこから来るのでしょうか。「人にしてもらいたいと思うことは何でも、あなたがたも人にしなさい」（マタイ7・12）とイエスは説きました。この表現は、キリスト教の価値観と積極的な生き方を表しています。これに基づいて、二千年もの間、全世界にいるキリスト者たちは、イエスの精神を実践して、社会、世界、そしてすべての人

間に大きな貢献をしてきたのです。

今週のみことば

飼い葉桶に寝かせた。

今週もみことばとともに暮らしながら

今年もキリストとそのみことばに養われたこ
とに感謝しましょう。

メ　モ

主の降誕（日中）　　（ヨハネ1・1―18）

わたしたちのために小さくなられた神

　昨夜、教会できれいに飾られた馬小屋に、幼子イエスの人形が置かれました。しかし、実際のイエスの誕生の場所は、わたしたちが飾る馬小屋のように美しいものではありませんでした。それは貧しい家畜小屋でした。しかも、生まれたばかりの大切な幼子を寝かせるために、マリアとヨセフが見つけた最上の場所も、家畜の餌を入れる飼い葉桶でした。

　イエスが地上で行ったすべてのことは、父である神が示されたものである、と福音記者ヨハネは言います。つまり、イエスが貧しい家畜小屋で生まれたことも、飼い葉桶に寝かされたことも、父が望んだことだったのです。

　今日、「言は肉となって、わたしたちの間に宿られた」という神秘に思いをめぐらし、わたしたちのために小さくなられた「父の独り子イエス」を礼拝しましょう。そして、わたしたちに「その名（イエス）を信じる」恵みを与えてくれ、洗礼によってわたしたちを「神の子」としてくれた父に感謝しましょう。

今週のみことば

　言は肉となって、わたしたちの間に宿られた。

今週もみことばとともに暮らしながら

　わたしたちのために小さくなったイエスを見
つめましょう。

メ　モ

聖家族　　（ルカ2・22、39─40）

聖家族の交わりの中に

　マリアはイエスをその胎に宿した時から、自分の中で少しずつ成長していくイエスにすべてを合わせていました。イエスの動きはマリアの動きとなり、イエスの鼓動はマリアの鼓動となり、イエスの思いはマリアの思いとなりました。そのような主の選びを受けたマリアでしたが、現実の生活は易しいものではありませんでした。ナザレという小さな田舎町で、マリアがヨセフと一緒になる前に身ごもったということは皆の知るところとなり、それまで親しくしていた人たちから後ろ指を指されることにマリアは耐えなければなりませんでした。

　しかし、マリアの側にはいつもヨセフがいました。自分のことを顧みず、ただひたすらイエスとマリアに尽くすヨセフがいたのです。マリアとヨセフという神が結び合わされたこの絆の美しさを前に、わたしたちは言葉を失います。

　神であるイエスは、そのような二人のもとに人として生まれました。今日、神殿に上る聖家族を眺め、その交

わりの中に入れてもらえるよう、共に願いたいと思います。

今週のみことば

　親子は主の律法で定められたことをみな終えたので、自分たちの町であるガリラヤのナザレに帰った。

今週もみことばとともに暮らしながら

　主日のミサを終えたわたしたちも、それぞれの生活の場で主のみ心を生きるということを大切にしましょう。

　メ　モ

神の母聖マリア　　（ルカ２・16―21）

主のはしため

　わたしたちは思いがけない出来事に遭遇したり心配事があったりすると、それを自分の心にとどめておくことがなかなかできません。右往左往して迷いを深めてしまいがちです。聖母マリアは、イエスというわが子でありながらも謎である存在を、地上の生の最初の瞬間から最後の死の瞬間まで共に在り、見つめ続け、すべてを心にとどめていました。神の母のような立派な名前がつけられようとも、マリアの心は生涯「わたしは主のはしためです。お言葉どおり、この身に成りますように」というお告げを受けた時の言葉を貫いたと思います。そのことが彼女を有頂天、あるいは絶望から守ったのでしょう。

　マリアが母であることを改めて喜びましょう。そしてわたしたちの悩みや不安、心配をすべて委ねて心を落ち着かせましょう。必ずいちばん良いように計らってくれるはずです。

今週のみことば

　マリアはこれらの出来事をすべて心に納め
て、

今週もみことばとともに暮らしながら

　不安や心配がわき起こる時、すぐにマリア
へ助けを求め、委ねましょう。

メ　モ

主の公現　　（マタイ2・1—12）

キリスト —— わたしたちの星

　昔から、人間は星に対する憧れをもっていました。そして、星はいつも人間を魅了してきました。特に新年になると、星占いによる運勢に注目している人は少なくありません。また、星は愛を連想させます。愛する人に「あなたはわたしにとっての星です」というような告白もあります。これは、相手が自分の人生に光をもたらすことを表しているのです。

　主の降誕祭は、わたしたちの人生に星が輝いていることを教えてくれます。キリストの誕生によって、わたしたちの人生の歩みに光がもたらされます。幼子は、わたしたちの歩みを照らし、導いてくれる人生の指針なのです。

　主の公現のミサでの集会祈願を今年の念願にしたいと思います。

　「すべての民の光である父よ、あなたはこの日、星の導きによって御ひとり子を諸国の民に示されました。信

仰の光によって歩むわたしたちを、あなたの顔を仰ぎ見
る日まで今年も導いてください」

今週のみことば
　学者たちはその星を見て喜びにあふれた。

今週もみことばとともに暮らしながら
　世の光であるキリストに照らされて、今年も
歩んでいきましょう。

メ　モ

主の洗礼　　（マルコ1・7－11）

霊とわたしたち

　洗礼を受ける者は、神の愛する子となります。キリスト者は洗礼によって神の生命にあずかり、神へと導いてくれるイエスの道を歩みます。すなわち、聖霊が鳩のようにキリスト者の上に降ってくるだけではなく、その人の生活の中に存在し、共に歩いていくのです。

　明けたばかりの新しい年に対して、皆さんはどういう思いや期待、そして願いを持っているでしょうか。健康のこと、家族のこと、仕事のことでしょうか。しかし、心配はいりません。「今年もそばにいる」という約束を、神がわたしたちに宣言されています。「あなたはわたしの愛する子、わたしの心にかなう者、今年もずっとあなたのそばにいる」という神からの年賀状が、皆さんの心に届いているはずです。神に愛される子として、その気持ちを心の中に持つと、安らかで、平和で、幸せな気持ちを味わうことができるのです。

　クリスマスは終わりましたが、イエスの人生はこれから始まります。皆さん、今年もイエスと共に歩いていき

ましょう。

今週のみことば

　"霊"が鳩のように御自分に降って来るのを、御覧になった。

今週もみことばとともに暮らしながら

　わたしたちのそばにいててくださる「霊」に気づきましょう。

メ　モ

年間 1
（降誕節後）

年間第2主日　　（ヨハネ1・35―42）

視聴者か観客か参加者か

　野球やサッカーなどのスポーツには、さまざまなレベルの関わり方があります。例えば、テレビの前の視聴者として、または、競技場で観客あるいはファンとして熱狂的に応援することです。そして、もう一つの関わり方があります。それは、グラウンドに立って自分自身が試合に出ることです。

　皆さんにとってどれがいちばん興奮する関わり方でしょうか。テレビの前で見ることでしょうか。しかし、心地よくなり途中でウトウトしてしまう時も多いでしょう。それとも、競技場で応援することでしょうか。しかし、席から試合の全体の流れと相手のプレーをしっかりと見ることができません。では、先発の選手として試合に出ることでしょうか。

　イエスからの誘いは非常にダイナミックで、わたしたちの心と体や五感、さらには第六感をも巻き込む体験への呼びかけです。皆さんのイエスに対する関わり方はどれにしたいでしょうか。

今週のみことば

　来なさい。そうすれば分かる

今週もみことばとともに暮らしながら

　信仰との関わりも、第三者の立場から主人公
になりましょう。

メ　モ

年間第3主日 　（マルコ1・14―20）

今日、イエスに従う

　今日の福音は、イエスが四人の弟子たちを招いた場面で、司祭や修道者への召命の呼びかけに重ねられます。しかし、わたしたち一人ひとりが洗礼を受けてキリスト者となり、その後生涯にわたってキリストに従う者であり続けるよう呼びかけている、と考えるほうがイエスの思いに近いのではないでしょうか。

　四人はすぐに網を捨て、父親らを残してイエスに従いました。他の福音箇所では、自分より父母や子どもを愛する者は、ふさわしくないとおっしゃっています。さらには己の命さえ憎まないのなら、自分の弟子ではないとおっしゃいます。

　結局、わたしたちは常にイエスに従うか、それとも従わないかの二者択一を迫られているのです。イエスに従うことを選べば、十字架に至ることは明らかです。四人の弟子がそうであったように、先のことは心配せず、主に従う決意を新たにしたいものです。

今週のみことば

わたしについて来なさい。

今週もみことばとともに暮らしながら

イエスに従う決意を新たにしましょう。

メ　モ

年間第４主日　　（マルコ１・21―28）

心に届く言葉

　普通、わたしたちは批評家や学者の話に納得したり理解したりしますが、心を揺さぶられるほど感動することは少ないのではないでしょうか。反対に、強く感動するのは解説されている本体に直接触れる時でしょう。

　カファルナウムの会堂で人々がイエスの教えに非常に驚いた理由は、それまで聞いたことのなかったような話をされたからではなく、神自身の力を持った言葉を耳にしたからではないでしょうか。実際、イエスの言葉によって波は静まり、悪霊は従い、罪はゆるされ、そして死者は生き返りました。

　わたしたちの言葉は、音にすぎません。風に飛ばされるもみがらです。しかし、イエスの言葉は真実であり、必ず実現すると命がけで信じ続ける時、初めてもみがらに実が入り、人の心に届く言葉となるのではないでしょうか。

今週のみことば

　人々はその教えに非常に驚いた。［……］権威
ある者としてお教えになったからである。

今週もみことばとともに暮らしながら

　もみがらに実を入れる生活を送りましょう。

メ　モ

年間第5主日　（マルコ1・29—39）

暗闇に輝く光

　まだ日が昇る前の早朝、人里離れた場所で祈っておられるイエスの姿を想う時、ヨハネ福音書の「光は暗闇の中で輝いている。暗闇は光を理解しなかった」（1・5）という部分が響いてきます。

　イエスは、シモンの姑をはじめ、たくさんの病人をいやし、悪霊を追い出しました。また、飢えている人々にパンを与え、罪人の罪をゆるしました。目に見え耳に聞こえるすべての行為の土台であるのが、暗い中でひとり祈る「イエスの祈り」であるように思われます。その祈りは、時代と場所を越えて今も変わることなくいる人の祈りなのです。

　このイエスの祈りに、わたしたちの日々の祈りを重ねましょう。ゲツセマネの園で、ペトロやヤコブ、そしてヨハネに共にいて目覚めていてほしいと願ったように、主はそれを望んでいるのではないでしょうか。

今週のみことば

　朝早くまだ暗いうちに、イエスは起きて、

今週もみことばとともに暮らしながら

　わたしたちの祈りをイエスの祈りに重ねま
しょう。

メ　モ

年間第6主日　（マルコ1・40―45）

あわれむ

　イエスは、重い皮膚病を患っている人を見て、深くあわれみました。ひどく痛めつけられた人を見て、サマリア人はあわれに思い、ぼろぼろになって帰って来た放蕩息子をあわれに思った父は、息子を抱き、接吻しました。そしてイエスは、死んだラザロに対して涙を流しました。

　大切な人が病気や事故、災害などによって亡くなり、変わり果てた姿を見ることほどつらく悲しいことはありません。イエスはわたしたちの損なわれてしまった心身の状態を見て、深くあわれみ、本来の輝きを取り戻させたいと願ったのではないでしょうか。その願いが原因で、律法で禁じられている皮膚病の人に触れていやし、安息日に女性を治し、石打ちの刑に処されるはずの姦通の罪を犯した女性をゆるしました。その結果、律法をないがしろにし、社会の秩序を乱す者としてイエスは捕らえられ、十字架上の死に至るのです。

今週のみことば

　イエスが深く憐れんで、手を差し伸べてその
人に触れ、

今週もみことばとともに暮らしながら

　イエスのあわれみをしっかり受けとめて、一
週間を過ごしましょう。

　メ　モ

四旬節

灰の水曜日　（マタイ6・1―6、16―18）

あなたがたが祈るときは

「あなたがたが祈るときは」という表現には、二つの
ポイントがあります。一つ目は、あなたに常に祈ってい
てほしいということ、つまり、祈る姿勢は神に忠実であ
ることが強調されています。二つ目は、定期的に行うこ
とです。日常生活において時間を割いて祈ることですが、
祈りたいと思っている時こそ雑念が浮かんでくるもので
す。では、どうすればいいのでしょうか。

実を言うと、雑念と闘って追い出すことに力を使うよ
りも、距離を置くことの方が大切です。雑念は必ずしも
価値のないものではありません。しかし、今は祈りがよ
り価値のあるものなので、祈りを優先させるということ
です。

祈りとは、神との対話というよりも神のみ前で沈黙す
ることです。語ることではなく、沈黙する、すなわち神
のうちに心を沈ませる姿勢なのです。それによって、わ
たしたちが神に引き寄せられていきます。祈りの本質は、
神に対するわたしたちの願いが聞き入れられるかどうか

ということよりも、わたしたちに対する神のみ旨^{むね}の実現を願い、それを信頼することなのです。

今週のみことば
　あなたがたが祈るときは

今週もみことばとともに暮らしながら
　祈る相手である神に全身全霊を傾けましょう。

メ　モ

四旬節第 1 主日　　（マルコ 1・12―15）

荒　れ　野

　ヨルダン川でヨハネから洗礼を受けたイエスは、天が裂け、"霊"が鳩のように自分に降ってくるのを見て、「あなたはわたしの愛する子、わたしの心に適う者」という声を聞きます。そして、"霊"によって荒れ野に送り出され、四十日間サタンの誘惑に遭いました。

　わたしたちも洗礼を受けた時、イエスのように目で見たり耳で聞いたりすることはありませんでしたが、"霊"を注がれ、父の愛の確証をもらいました。そして、それに続く日々は、ずっと荒れ野の日々と言えるでしょう。わたしたちは本当に弱い存在なので、度々サタンの誘惑に負け、倒れてしまいます。しかし、その時こそ、すぐにイエスへ目を上げましょう。イエスは、「わたしたちの弱さに同情できない」人ではなく、「あらゆる点において、わたしたちと同様に」試練に遭い勝利を得た人、すなわち救い主だからです（ヘブライ 4・15 − 16）。

　イエスは、わたしたちが彼に信頼を寄せることを待っています。イエスのもとに行くなら、彼はわたしたちの

罪を喜んでゆるしてくれます。荒れ野はサタンの誘惑を
受ける場ですが、イエスに近づき、イエスのいつくしみ
を受ける場であることも覚えておきましょう。

今週のみことば
　"霊"はイエスを荒れ野に送り出した。

今週もみことばとともに暮らしながら
　誘惑に負けて倒れてしまうとき、すぐにイエ
スへ目を上げ、助けを願いましょう。

メ　モ

四旬節第2主日　　（マルコ9・2―10）

母の顔と主の変容

わたしは毎週日曜日に、スカイプを使ってイタリアの故郷にいる母と話をしています。お互いの顔を見ながら、時間を忘れて話し込んでしまいます。その時の母は、喜びの表情を浮かべています。どうして母の顔がまばゆいほど輝いているのでしょうか。母の顔を輝かせるものは何なのでしょうか。それは「愛」です。愛する息子を見ながら話しているので、うれしさのあまり、自然と明るく生き生きと輝いた目になるのです。

「目は心の窓」ということわざがありますが、わたしたちの目はどうでしょうか。喜びを映し出しているでしょうか。わたしたちはどうやって容姿を変えるのでしょうか。イエスが愛してくれるように、わたしたちも人を愛する時、わたしたちの姿が変わるのです。春が訪れると、木の枝にはつぼみがたくさんついています。わたしたちの中にまかれた「イエスの愛」という種は、わたしたちが人を愛する時につぼみとなり、美しく咲いていくのです。

今週のみことば

　イエスの姿が彼らの目の前で変わり、

今週もみことばとともに暮らしながら

　わたしたちの顔と目は、内にある愛と喜びを
表すのです。

メ　モ

四旬節第３主日　　（ヨハネ２・13—25）

神と取り引きをするまい

　本来、神殿は神に出会い、神に祈るために建設されたものですが、いつの間にか宗教的な商売の家になってしまいました。神への祈りと神との関係は、奉納物の価値によって維持されたため、イエスは「商売をするな」と叱責したのです。

　現代的に言いかえれば、「取り引き」と言えます。この言葉を聞くと、より現実的な経験が思い出されるかもしれません。祈ることは、よく宗教的取り引きに利用されがちです。例えば、「わたしは毎週ミサに来ているので、〜をください」や「わたしは朝にも夕にもお祈りしているので、〜をお願いします」などです。しかし、何のためにミサにあずかっているのでしょうか。何のために教会で奉仕しているのでしょうか。もしかすると、無意識的に取り引きを期待しているのかもしれません。「これぐらい祈っているのですから、これぐらいのものをお願します」といった神との取り引きが皆さんにも思い当たることがあれば、自分の信仰や神との関係を今一度心

に留め、問い直して清めましょう。

今週のみことば

　このような物はここから運び出せ。わたしの父の家を商売の家としてはならない。

今週もみことばとともに暮らしながら

　わたしたちの方から神との関係を見極め、清めましょう。

メ　モ

四旬節第4主日　　（ヨハネ3・14―21）

永遠の命

　父にとってその独り子は、何ものにも替えることができない大切な存在です。では、父が独り子を世に与えたとは、いったいどういうことなのでしょうか。それは、父がその独り子を愛したのと同じように、わたしたちを愛したということに他なりません。ヨハネは、わたしたちが「永遠の命を得るためである」と言います。つまり、父は父と子の交わりのうちに、わたしたちが生きることを望んでいるということです。

　わたしたちは、このようにとてつもなく大きな招きを受けていながら、闇の方を好んでしまいます。父にとってこれ以上の悲しみがあるでしょうか。わたしたちには、光、すなわち父と子の愛を受けることを選ぶ自由が与えられているというのに、闇、すなわち父と子の愛を拒絶する方へ行くためにこの自由を使うのです。

　悪霊を捨て、神に従う約束をした洗礼の時のことを思い返し、その約束を更新しましょう。神は、わたしたちに愛を注ぎたいと切望しているのです。神を悲しませな

いことを固く決意しましょう。

今週のみことば

　神は、その独り子をお与えになったほどに、世を愛された。

今週もみことばとともに暮らしながら

　ゆっくりと洗礼の約束を更新しましょう。

　メ　モ

四旬節第5主日　　(ヨハネ 12・22—30)

一粒の麦

　「人の子が栄光を受ける時が来た」とありますが、ここで言う栄光とは十字架のことで、イエスはわたしたちの贖いのため、自ら十字架上で命を捨てる時が来たのだと言います。十字架を前に、「父よ、わたしをこの時から救ってください」とイエスの心が騒ぎます。しかし、父のみ心を行うことこそがイエスのアイデンティティーでした。そのため、「わたしはまさにこの時のために来たのだ」と断言したのです。

　「父よ、御名の栄光を現してください」のように、聖書には御名や御顔という表現がよく出てきます。これらの言葉を「神自身」と置き換えて読むと、イエスは父の顕現を求めて祈ったということになります。その時、「わたしは既に栄光を現した。再び栄光を現そう」と父の声が天から聞こえます。かつて、罪を犯した人類に死の宣告を下し、神のみ心は傷つけられました。そして、今回は人から死の宣告を受け、十字架上で死ぬことを引き受けます。

わたしたちに対するこの狂おしいまでの神の愛に何と応えますか。「わたしは地上から上げられるとき、すべての人を自分のもとへ引き寄せよう」というみことばに、耳を塞いではいけません。

今週のみことば

わたしは地上から引き上げられるとき、すべての人を自分のもとへ引き寄せよう。

今週もみことばとともに暮らしながら

神は、わたしたちを何としてでも自分のもとへ引き寄せたいと切望しています。その声に聴き入るため、神の前で独り静かに座る時間、そして祈りの時間を毎日つくりましょう。

メ　モ

受難の主日（枝の主日）　　（マルコ 15・1─39）

メシア、イスラエルの王

　今日の主要なミサでは、まずイエスのエルサレム入場の場面が朗読され、行列が行われます。エルサレムに集まっていた群衆は、歓呼のうちに「ホサナ。主の名によって来られる方に祝福があるように」とイエスを迎えました。しかし、この同じ群衆が、数日後には一転してイエスを罵倒し、十字架の刑へと追いやるのです。

　「他人は救ったのに、自分は救えない。メシア、イスラエルの王」というイエスに浴びせられたこの嘲りの言葉は、イエスがどのような人物であるかを実によく言い表しています。イエスは他人を救う人なのです。自分のことなど眼中にありません。イエスこそ「主の僕」、つまりメシア（救い主）であり、すべての人の王なのです。

　わたしたちを贖うため、十字架の上で自ら命をささげた主イエスを見つめましょう。そして、そのみ心にあふれる思いに聴き入りたいと思います。

今週のみことば

　他人は救ったのに、自分は救えない。メシア、イスラエルの王、

今週もみことばとともに暮らしながら

　毎日の生活の中で、十字架のイエスのみ前にとどまりましょう。

メ　モ

復活節

復活の主日（夜）　（マルコ 16・1 — 7）

神 の 業

　イエスに従った女性たちは勇敢でした。イエスの十字架から目を背けず、最期を見届けました。そして、安息日が終わるとすぐに、イエスの遺体に油を塗るため立ち上がりました。しかし、墓で彼女たちを待ち受けていたのは、思いも寄らないこと、すなわち墓の中にイエスの遺体がなく、白く長い衣を着た若者が「イエスは復活し、ガリラヤで待っている」と告げるということでした。彼女たちの度肝を抜かれた姿が目に見えます。彼女たちは心底イエスを敬愛していましたが、イエスがかねてから語っていた復活についてはまったく理解していませんでした。無理もありません。イエスの復活、それは人の思いを超える出来事、つまり神の業なのですから。

　わたしたちは、信仰宣言の中で、本日もイエスの復活を「信じる」と宣言しました。宣言したことに日々わたしたち自身を委ねていくという恵みを、お互いのために祈り求めていきたいと思います。

今週のみことば

　あの方は復活なさって、［……］「あなたがたより先にガリラヤへ行かれる。［……］そこで、お目にかかれる」と。

今週もみことばとともに暮らしながら

　復活した主イエスが、わたしたちの生活の場で、わたしたちと会うために待っているということを思い出し、イエスにわたしたち自身を委ねましょう。

メ　モ

復活の主日（日中）　　（ヨハネ 20・1 ― 9）

復活を告げる駅伝

　復活のしるしとなるからの墓は、悲しい絶望的な状況から未来への扉が開かれ、永遠の希望がもたらされることを象徴しています。復活の一連の出来事は駅伝のようなもので、人から人へ伝播し、広がっていくのです。

　最初にからの墓を見たマグダラのマリアは、混乱しながらペトロともう一人の愛弟子のところへ走っていき、自分が見たことを告げます。二人も疑問を抱きながら、墓へと走っていきます。そして、イエスの復活の日から弟子たちは復活を告げるために走り、それ以後も数えられないほど多くの人たちが走り続けてきました。「イエスが復活した」という良い知らせ、すなわち福音に促されて、全世界を走ってきました。また、同じくキリストに拍車を掛けられたフランシスコ・ザビエルは、ヨーロッパからはるか海を越えて、日本へやってきました。現在、世界中のキリスト者たちが、後継者として先人からのたすきをつなぎ、「主はまことに復活されました。アレルヤ」とイエスの復活を告げ続けているのです。

今週のみことば

走って行って彼らに告げた。

今週もみことばとともに暮らしながら

「走ること」は足の動きではありません。ドキドキし、喜びに満たされる心を持つことです。

メ　モ

復活節第2主日 （ヨハネ20・19―31）

弟子たちの復活の体験

　イエスが殺されてしまったため、自分たちにもどんな迫害が及ぶのだろうか、と弟子たちは恐怖におびえています。彼らはひとつの家に閉じこもり、内側から鍵をかけて災いが過ぎ去るのを待っています。そこへ、復活したイエスが現れ、彼らの「真ん中」に立ちます。そして、イエスは恐れている弟子たちに「平和があるように」という言葉を3回かけるのです。「なぜわたしを見捨てたのか」という怒りの言葉ではなく、「平和」という愛とゆるしを表す言葉を用いたのです。

　復活したイエスとの出会いは、弟子たちにとってゆるしの体験でした。「ゆるし」とは「和解と関係の回復」を意味します。イエスの「あなたがたに平和があるように」という言葉によって、弟子たちの心にゆるしだけではなく、安心と希望も注がれます。彼らにとってこの出会いは「復活の体験」なのです。わたしたちも自ら相手をゆるし和解する時、復活の経験を味わうことが可能になるのです。

今週のみことば

　あなたがたに平和があるように。

今週もみことばとともに暮らしながら

　注がれた平和を愛とゆるしの行為に移しま
しょう。

メ　モ

復活節第3主日　（ルカ24・35―48）

主よ、わたしたちの心の目を開いてください。

　イエスの死は、弟子たちにとって衝撃的な出来事でした。しかし、イエスは復活しました。本日の福音箇所では、弟子たちが集まってイエスの復活について話していたまさにその真ん中に、イエスが立ったとあります。弟子たちはどれほど驚いたことでしょう。恐れおののく彼らに、イエスは復活という事実を受け入れることができるよう導いていきます。彼らにとって、イエスが生きていることに勝る喜びはなかったはずです。しかし、確かに死んだイエスが、現に生きているということを認めるためには、イエスに心の目を開いてもらう必要がありました。

　わたしたちも「弟子たちの心の目を開いたように、わたしたちの心の目を開いてください」と復活のイエスに願いましょう。聖書を悟り、神を信じ、「あなたの復活の証人となる恵みを与えてください」と信頼をこめて祈り求めましょう。

今週のみことば

　イエスは、聖書を悟らせるために彼らの心の
目を開いて、言われた。

今週もみことばとともに暮らしながら

　イエスがわたしたちの心の目を開き、みこと
ばを悟る恵みを与えてくれるように願いましょう。

　メ　モ

復活節第4主日　（ヨハネ 10・11―18）

司祭と共同体の協力

　召命祈願は、神がたくさんの若者たちに召命を呼びかけると同時に、すでに神の呼びかけに応えている司祭を支えることでもあると思います。神からの召命に応え、一人の司祭・宣教師としての悩みは、どうすればよりよい福音宣教ができるか、そして一人でも多くの人たちにイエスの福音を伝えることができるかということです。さらに、共同体の役割も大きな関係があります。どんな花も、土や水、太陽の光がなければ、芽を出さないでしょう。成長するために、土から栄養を取り、日差しを浴びて伸びていきます。また、水を受けることによって鮮やかですてきな花になるのです。

　共同体と召命に応えた神父の場合もそう言えると思います。宣教師は共同体から生まれ、育てられ、成長していくのです。司祭と共同体という互いの交わりと協力があれば、積極的かつ前向きに福音宣教に励むことができます。一人ひとりの信者には、この環境づくりに貢献する使命があるのです。

今週のみことば

　わたしは良い羊飼いである。わたしは自分の羊を知っており、羊もわたしを知っている。

今週もみことばとともに暮らしながら

　担当司祭との協力関係を見直してみましょう。

　メ　モ

復活節第5主日　　（ヨハネ 15・1─8）

イエスにつながる

　本日の福音箇所の中で、「ぶどうの木につながる」や「実を結ぶ」という表現が何回も繰り返し用いられています。枝は木の幹につながっているからこそ、「実を結ぶ」という結果が導かれるのです。この表現がいかに密接な関係を表しているのかがお分かりになることでしょう。

　わたしたちは多くの人々とつながっており、相互に助け合っています。日常生活を送る上で、他の人々に頼り、自分で作っていない、もしくは作ることができないものを毎日使用しています。例えば、当たり前のように使っている電気や水道、生きていくために欠かせない食べ物、さらには交通機関などによって快適な生活を送ることができます。多くの人々のおかげで、わたしたち一人ひとりがさまざまな恩恵を受けることができるです。人間同士でこれだけつながっているのなら、イエスと常につながっていればなおさらのことでしょう。

今週のみことば

　人がわたしにつながっており、わたしもその人につながっていれば、その人は豊かに実を結ぶ。

今週もみことばとともに暮らしながら

　自分の人生において、イエスのおかげでいかに豊かな実りを結ぶことができるのかを思い起こしてみましょう。

メ　モ

復活節第6主日　（ヨハネ 15・9—17）

まなざしのうちに

　父がイエスをどのように愛したかについて、現代の神秘家モーリス・ズンデルは「父は何も持たない。子に向けられたまなざし以外のものではありません」（『沈黙を聴く』女子パウロ会　1992年、134ページ）と書いています。イエスがわたしたちを愛するというのは、自分のために何もとっておかず、わたしたちのためにご自分の命を捨てたということです。言いかえれば、わたしたちに向けられたまなざしとなったということに他ならないと思います。

　わたしたちに向けられたイエスのまなざしの内にとどまりましょう。イエスに見つめられるがままになるのです。自分のことは脇に置いて、ひたすらわたしたちを愛してくれるイエスを眺めましょう。これこそがイエスの友として生きる秘訣、すなわち互いに愛し合うための土台と言えるでしょう。

今週のみことば

父がわたしを愛されたように、わたしもあなたがたを愛してきた。わたしの愛にとどまりなさい。

今週もみことばとともに暮らしながら

わたしたちに向けられたイエスのまなざしを思い、そのまなざしのうちにとどまりましょう。

メ　モ

主の昇天　（マルコ 16・15―20）

生きたしるし

わたしたちは弟子たちと共に、イエスの弟子として同じ使命を受けています。つまり、イエスの福音を宣べ伝え、それを証ししていく使命です。わたしたちにはどんな「しるし」が伴っているのでしょうか。日本におけるキリスト教の歴史を見ると、信者の数は非常に少数です。しかし、そんな小さな存在であるにもかかわらず、迫害をはじめ、困難や批判、そして差別に対して忍耐強く対処して生きてきたのです。

現在、人間関係をはじめ格差社会の複雑な問題に対して、福音の価値に基づいて「神がわたしたちと共にいる」という確信を持って諸問題に関わるキリスト者は少なくありません。この行動は、奇跡に劣らない感動を与える「大胆なしるし」を社会に示していると言えます。わたしたちに伴うしるしは、命を与える「しるし」です。まさに、愛とゆるしの証しです。わたしたち一人ひとりが、復活したイエスの「生きたしるし」という存在なのです。

今週のみことば

　主は彼らと共に働き、彼らの語る言葉が真実であることを、それに伴うしるしによってはっきりとお示しになった。

今週もみことばとともに暮らしながら

　主がわたしたちと共に働く自覚を持ち、周囲の人のためにしるしになりましょう。

　メ　モ

聖霊降臨の主日

(ヨハネ 15・26―27、16・12―15)

聖霊とともに

　今日の福音から、イエスが聖霊をどれほど尊重しているかがうかがえるのではないでしょうか。聖霊は風のような存在で、その姿を想像することが難しいため、聖霊と言われてもピンとこないという方も多いのではないでしょうか。しかし、聖霊は確かにいるのです。

　今日から意識して聖霊とともに生きることを提案したいと思います。朝ベッドから出て、静かに目を閉じて、足の裏から頭のてっぺんまで聖霊が満ちていくのをイメージしながら、息を深く吸い込みます。そして、自分のすべてを聖霊に委ねる心を持って、ゆっくりと頭のてっぺんから足の裏に向けて息を吐ききります。これを数回繰り返し、一日をスタートするのです。

　日中も、思い出す度にわたしたちのうちに住む聖霊に自由に語りかけます。また、聖霊の思いを聴きたいという望みをもって、沈黙のうちにとどまります。そして夜寝る前には、心を込めて聖霊に一日の感謝を伝えましょう。いかがでしょうか。こうして、毎日を新たな聖霊降

臨とするのは喜ばしいことだとは思いませんか。

今週のみことば
　真理の霊が来ると、あなたがたを導いて真理をことごとく悟らせる。

今週もみことばとともに暮らしながら
　聖霊とともに生きることを、毎日の生活の中で具体的に実践しましょう。

メ　モ

年間 2
（復活節後）

三位一体の主日　（マタイ28・16—20）

父と子と聖霊のみ名に入る

　本日の福音箇所によると、わたしたちが洗礼を受けるということは、父と子と聖霊のみ名に入る、つまり交わりの中に入るということになります。天地創造の初めから、父と子と聖霊の共同作業をかいま見ることができますが、新約聖書では三者が区別されて登場します。

　マリアへのお告げでは、「聖霊があなたに降り、いと高き方の力があなたを包む。だから、生まれる子は聖なる者、神の子と呼ばれる」と天使は伝えます。（ルカ1・35）。さらに、イエスがヨハネから洗礼を受ける場面では、聖霊が鳩のように目に見える姿でイエスの上に降り、天から「あなたはわたしの愛する子」という声がします（ルカ3・22）。

　ところが、十字架上では三者を全く見ることができません。それどころか、「わが神、わが神、なぜわたしをお見捨てになったのですか」というイエスの絶望の叫びが響き渡ります（マタイ27・46）。わが子をそこまで突き落とす父の想いは想像を絶します。そのような愛の交

わりにわたしたちは入れられているのです。

今週のみことば
　父と子と聖霊の名によって洗礼を授け、

今週もみことばとともに暮らしながら
　子が十字架上で苦しむことを許した父の思い
に心をはせましょう。

　メ　モ

キリストの聖体 　（マルコ 14・12―16、22―26）

聖体を受ける

弟子たちはイエスと共にした最後の過ぎ越しの食事での場面のことを、ずっと心にとどめていたことでしょう。それから、イエスは受難に向かい、十字架上で命をささげ、弟子たちは打ちのめされました。しかし、イエスは復活しました。そして、弱い弟子たちのために、五十日間地上にとどまり、最後の晩餐の時にしたことを繰り返しました。

弟子たちは宴が意味するところを少しずつ理解していくのですが、その神秘に身を委ねるには、聖霊降臨を待たなければなりませんでした。聖霊を受けて初めて、弟子たちはイエスを認めることができるようになりました。そして、すべての人を生かす命のパンとなることという聖体を受ける者の召命、つまり、十字架の死を引き受けるということを悟るのです。

聖体を受けることの重みに改めて思いをめぐらし、この恵みに「アーメン」と共に応えることができるよう祈り求めましょう。

今週のみことば

　これはわたしの体である。[……] これは多く
の人のために流されるわたしの血、契約の血で
ある。

今週もみことばとともに暮らしながら

　聖体を受けたわたしたちは、今日出会うすべ
ての人を生かす命のパンとなるよう呼ばれてい
ます。このことを忘れないでおきましょう。

メ　モ

年間第 11 主日　　（マルコ 4・26―34）

圧倒的な神の力

　イエスという人は、実によく物事の本質を捉えていたと改めて思います。先祖代々農業に携わっていても、種がなぜ芽を出し、大きくなって実を結ぶのかまったく分かりません。どんな土地に種がまかれるかによって結果は変わってきますが、太陽が照らし、雨が降れば勝手に育ってくれるからです。

　この話を聞くと、良い土地を準備することの大切さを教えていると受け取ることもできますが、何よりもわたしたちの小手先の思惑や工夫、そして作業を越える自然の力のすごさを直感させたかったのではないでしょうか。神の国の圧倒的な力については、からし種のたとえからも読みとることができます。神の力を今以上に信じるようにと促しているように思えます。

今週のみことば

　土はひとりでに実を結ばせる

今週もみことばとともに暮らしながら

　神の力を信頼して、自分のすべてを委ねま

しょう。

　メ　モ

年間第 12 主日　　（マルコ 4・35―41）

すべてを委ねる信仰

　本日の福音箇所から読み取ることができる「イエスが願っている信仰」について考えてみましょう。湖上で激しい嵐が起こり、乗っていた舟が波をかぶり、水浸しになります。舟が沈み、弟子たちはおぼれ死んでしまう危険性があったため、イエスに助けを求めました。それに対し、イエスは「なぜ怖がるのか。まだ信じないのか」と叱りました。なぜなのでしょうか。

　弟子たちの「わたしたちがおぼれてもかまわないのですか」という言葉に、自分たちがおぼれてもかまわないと思っているかもしれないというイエスに対する不安と、死にたくないという我執が感じられます。そんな弟子たちに対して、「まだ分からないのか。己にしがみついて離さないその手を離して、わたしにすべてを委ねなさい！」、すなわち、生死を含め、すべてを委ねる信仰を持ちなさい、と言っているように思えてなりません。

今週のみことば

　なぜ怖がるのか。まだ信じないのか。

今週もみことばとともに暮らしながら

　何かにしがみついている手を、一度離してみましょう。

メ　モ

年間第13主日 　（マルコ5・21—24、35b—43）

闇の中での信仰

　ユダヤ教の会堂の管理者である男性が、イエスの膝もとにひれ伏して懇願するとはよほどのことです。おそらくその時まで、ありとあらゆる手を尽くして娘を助けようとしてきたにもかかわらず、悪化するばかりだったのでしょう。そこで最後の頼みの綱として、自分の立場を考えることなく、人目もはばからず一人の父親としてイエスにすがりました。イエスと共に家に向かう途中、娘が亡くなったという知らせが入りました。どれほど落胆したかはたやすく想像がつきます。

　ところがイエスは、「恐れることはない。ただ信じなさい」と言いました。この言葉にイエスがわたしたちに望んでいる信仰が表れています。つまり、すべての希望が絶たれた時であっても信頼するという信仰です。からし種ほどの小さいものであっても、山を動かし、死人を生き返らせるということなのでしょう。そしてヤイロは娘を返してもらったのです。

今週のみことば

　恐れることはない。ただ信じなさい

今週もみことばとともに暮らしながら

　希望が見えなくなった時こそ、信仰の時です。
しっかり踏みとどまりましょう。

メ　モ

年間第14主日　（マルコ6・1—6）

世界の不信仰

イエスの故郷でのこの話は、どこか現代世界の現状を表しているように思えます。今では、世界のすみずみにまでイエスのことが知れ渡っています。世界には数十億人のキリスト教徒がおり、聖書は永遠のベストセラーと呼ばれるほど広く読まれています。ミサや集会では、福音箇所が飽きてしまうほど何度も朗読されます。皆さんにお聞きします。「その話はよく知っている」というだけで終わってはいませんか。

イエスの故郷の人々は、ヨセフとマリアの子であるイエスは大工で、兄弟姉妹のことも知っているというレベルの知識にとどまりました。そして、イエスと出会う最高のチャンスを逃してしまったことと似ていないでしょうか。人々の不信仰が原因で、故郷では何もできなかったと書かれています。この点についても、現代社会で同じことが起こっているのではないかと感じてなりません。

今週のみことば

　人々の不信仰に驚かれた。

今週もみことばとともに暮らしながら

　イエスと出会うために、みことばと出来事に
深入りしましょう。

メ　モ

年間第 15 主日 　（マルコ 6・7 ―13）

人生という旅

　旅に出る時、まず準備することから始めるはずです。持って行くことができる荷物が限られるため、準備の中で最も難しいことは、持ち物を選択することでしょう。登山の場合は、より複雑になります。なぜなら、入念な準備だけではなく、いったん登り始めるとペース配分に配慮しなければならないからです。

　登山には、二つの姿勢が必要です。目の前にそびえる山の頂上を見ることと、足もとを見ることです。頂上を見つめるだけでは、どこへも行くことができませんし、足もとを見ずに踏み出すと、崖の下に落ちる危険性もあるからです。反対に、足もとだけ見て進むと、目的地にたどり着くことができません。ですから、登山の際にはこの二つのバランスをとることが基本となります。

　同じように、人生の旅のために衣・食・住などすべてが整っていたとしても、安全だとは言えません。人生の道を歩みながら、この二つの姿勢を維持し、遭遇する出来事に対応することも大切なのです。

今週のみことば

　十二人は出かけて行って、

今週もみことばとともに暮らしながら

　人生の旅の一環として、今週も二つの姿勢に
導かれていきましょう。

メ　モ

年間第 16 主日　　（マルコ 6・30―34）

唯一無二の飼い主

　イエスは弟子たちが食事もとれず疲れていることに気づき、休むように促しました。おそらく、イエス自身が彼ら以上に空腹で疲れていたことでしょう。ところが大勢の群衆を見て、飼い主のいない羊のような有様だったので、イエスはあわれに思いました。

　世界は今まさに、「飼い主のいない羊のような有様」ではないでしょうか。物事が表面的にうまくいっているような時、政治家やさまざまな分野の指導者は、群衆をまるで羊のように扱い、自身は羊飼いのようにふるまいます。しかしいったん歯車が狂うと、彼らも一頭の羊にすぎないことがあらわになります。自分の髪の毛一本さえ、白くも黒くもできません。まして羊たちの命の責任を取れるわけがありません。

　イエスの教えを聞こうと押し寄せる人々は、二千年前も今もイエスの言葉にうそがないこと、そして命が宿っていることを直観的に感じ取っているのではないでしょうか。

今週のみことば

　飼い主のいない羊のような有様を深く憐れみ、

今週もみことばとともに暮らしながら

　自分の主を声をしっかり聞き、その心に迫り
ましょう。

メ　モ

年間第17主日　　（ヨハネ6・1—15）

分かち合いの奇跡

　イエスは大勢の人々の世話をしようと考え、弟子たちにその心づもりを伝えました。しかし、彼らはそれを断るだけではなく、フィリポに至っては、「ここに大麦のパン五つと魚二匹とを持っている少年がいます。けれども、こんなに大勢の人では、何の役にも立たないでしょう」と少し皮肉を交えて答えました。

　しかし、少年の気持ちは違っていました。自分の食べ物、日本風に言えば、おにぎり五個と焼き魚二匹をすぐに提供しました。実は大人たちも弁当を持っていましたが、あくまでも自分のためで、他人と分けるという考えは頭の中にまったくありませんでした。自分の都合だけ考えていた男たちは、黙ったままその場にいたのです。

　ここで、奇跡的な転換が起こります。弁当を出した少年を見た大人たちは、自分たちの卑しさに恥ずかしくなり、相次いで自分の食べ物を出し始めました。分かち合いが行われたことで、皆は満腹になるまで食べることができました。分かち合いは、分けることによって何倍に

もなるのです。

今週のみことば
　ここに大麦のパン五つと魚二匹とを持っている少年がいます。

今週もみことばとともに暮らしながら
　天を仰ぎながら、自ら周囲に関わりましょう。

　メ　モ

年間第18主日　　（ヨハネ6・24―35）

人間として生きるための糧

　パンや米といった食糧があるとわたしたちは生きることができますが、植物や動物と違い、それだけでは人間として生きることができません。わたしたちにとって毎日必要で欠かせないものは、身体を養う食べ物と霊的な糧です。人間として成長するために、どちらも欠くことのできないものなのです。

　糧は、人生の意味を与えてくれる食べ物になります。聖書でよく目にする「パン」という表現は、食べ物だけではなく、健康や住まい、仕事などを象徴しています。生きていくために、体の栄養分となる糧は必要なものですが、わたしたちはそれだけで満たされるとは言えません。私たちは人生において価値を見いだすことができるもの、すなわち生きる喜びや生きがいを求めています。この世に生まれてきた一人の人間としての尊厳を養い、育むことが大切です。そのためには体の糧と心の糧がどちらも必要です。わたしたちはそのどちらにも養われているからです。

今週のみことば

わたしが命のパンである。

今週もみことばとともに暮らしながら

今週を生きるために必要な糧を摂取しましょう。

メ　モ

年間第19主日　　（列王記上 19・4 ― 8）

人生の夏バテ

　エリヤは聖書に登場する有名な人物であり、預言者の代表です。彼は奇跡を行い、パンも増やしました（列王記上 17 章参照）。しかし、本日の朗読箇所に出てくるエリヤには、まるで別人のような強い印象を受けるのではないでしょうか。この偉大な人物は、自分の命が絶えるのを願ったほど人生のどん底にいると感じ、「主よ、もう十分です。わたしの命を取ってください。わたしは先祖にまさる者ではありません」と宣言したのです。

　誰にでもエリヤのような経験があると思います。わたしたちも何らかの原因で、落ち込んでしまうことがあるのではないでしょうか。問題ない時もあるし、力が出ない時もあります。ある物事に熱中する時もあれば、疲労困ぱい状態の時もあるでしょう。夏バテのため、やる気が出ず食欲も無くなるように、人生にも夏バテがあります。「もう駄目だ」と生きることが嫌になるほど絶望を感じるのは、人間である以上誰もが通る人生の波の一つなのです。

今週のみことば

　主よ、もう十分です。わたしの命を取ってください。

今週もみことばとともに暮らしながら

　心と体の声に耳を傾けましょう。

メ　モ

年間第20主日　（ヨハネ6・51—58）

まことの食べ物、まことの飲み物

　多くのユダヤ人は、名を呼ぶことさえはばかっていた畏れ多い神を「自分の父」と呼んだイエスにつまずきました。そして、多くの弟子が「人の子の肉を食べ、その血を飲まなければ、あなたたちの内に命はない」というイエスの言葉につまずき、去って行きました。それでもイエスは真実を伝えました。わたしたちの命を養う朽ちないパンと飲み物となってこの世にとどまり続けるために、この世に来て十字架上の死を選んだのですから。

　イエスがまことの神の子であることと、聖体がイエスのまことの体であることは、いまだに多くの人にとってつまずきのもととなっています。まったく理解できませんし、とても信じ難いことです。しかし、そこにこそ、わたしたちがイエスに従うためのよりどころがあると言えるのではないでしょうか。

今週のみことば

　人の子の肉を食べ、その血を飲まなければ、あなたたちの内に命はない。

今週もみことばとともに暮らしながら

　建て前としてへりくだりながらも、期待しないようにしましょう。

メ　モ

年間第 21 主日　　（ヨハネ 6・60―69）

つまずかせる信仰

　教皇フランシスコのツイッターの中で、「わたしたち
に問題を引き起こさない信仰は、問題ある信仰です。わ
たしたちを成長させない信仰は、成長すべき信仰です」
とありました。ここでは「つまずき」の代わりに「問題」
という言葉が使われています。教皇が言及した信仰は、
人生において重要な位置を占めていない信仰で、その影
響は燃えている信仰生活をもたらすどころか消えかかっ
ている信仰なのです。

　「つまずく」ことは、歩みを妨げることです。信仰の
場合でも、同じことが起こります。信仰は、回心を呼び
かける度に自分の生活が問われているので、受け入れる
こともできれば抵抗や反発もあり得るのです。イエスと
福音に一度もつまずかない信者はいないはずです。

　ここで大切なのは選択です。イエスに「従う」かイエ
スから「離れ去る」かの二択です。その答えは、人生を
振り返る際に、さまざまな出来事に対して神の働きを見
分けて思い起こすこと、つまり信仰における成長と実感

の体験から導き出すことができるのです。

今週のみことば

あなたがたはこのことにつまずくのか。

今週もみことばとともに暮らしながら

信仰は人生の鎮静剤ではなく、人生に刺激を
与えるものであることに気づきましょう。

メ　モ

年間第22主日

（マルコ7・1―8、14―15、21―23）

本末転倒

ファリサイ派の人たちの言動は本末転倒ですが、わたしたちの生活でもよく起こっていることではないでしょうか。物事を習慣的かつ機械的に行ったり、スケジュールや計画を優先しすぎたりすると起こりがちです。そうすることで、考えたり迷ったりする必要がなくなり、ちょうどロボットが仕事をするように効率よく物事が運びます。

スケジュールどおりに実行するためには、ハプニングが発生しては困ります。そうしたことがないように、問題になりそうなことはあらかじめ排除しておきます。こうなると、善きサマリア人のたとえ話に登場する祭司やレビ人と同じことになります。

感謝や喜び、自発性といった気持ちがなくなる時は、本末転倒が起こっているかもしれません。そのような時、すべてをいったん置いて「本末」の「本」、つまり原点にさかのぼるために静かに座って一時停止することが必要かもしれません。

今週のみことば

その心はわたしから遠く離れている。

今週もみことばとともに暮らしながら

わたしたちの原点である父のみ心にさかのぼりましょう。

メ　モ

年間第23主日　　（マルコ7・31—37）

神の計らい

　福音書に登場する病人はさまざまで、イエスのいやし方もさまざまです。イエスの服のすそに触れただけでいやされた女性もいれば、遠く離れていてもイエスの一言で治った人もいます。今回は、人の耳に指を入れ、唾をつけて舌に触れ、深く息をして「開け」と言うと治りました。

　イエスの一人ひとりの病人に対する対応の違いは、わたしたちすべての人への対応の違いを想像させます。何億人いようと何兆人いようと、一人ひとりにふさわしい最高で最善の対応をするに違いないということです。わたしたちはどんな人間であっても、最高で最善の対応をしてもらっているにもかかわらず、なかなかそのことに気づくことができません。わたしたちは生まれる前から、いつでもどこでも神から見つめられています。このことを特別に意識する時間をとった時、神の自分に対する対応、つまり計らいに気づき、感動せざるを得ないでしょう。

今週のみことば

この方のなさったことはすべて、すばらしい。

今週もみことばとともに暮らしながら

自分を見つめている神に思いをはせましょう。

メ　モ

年間第24主日　（マルコ8・27―35）

十字架の道

わたしたちに対するイエスの願いは、はっきりしています。自分を捨て、自分の十字架を背負ってイエスに従うことです。しかし、これはできることなら避けたいことです。イエスでさえ十字架にかけられる直前、ゲツセマネで「この杯を取りのけてください」と父に願いました（マルコ14・36）。それでもわたしたちに十字架を担うように命じるイエスの真意は、どこにあるのでしょうか。

例えば、わたしたちの隣で泣いている人がいれば、わたしたち自身も喜べません。自分のことを脇に置いて、その人が泣いている原因を尋ね、一緒に問題を解決しようと一歩踏み出すのなら、自分の十字架を背負うことになります。つまり、わたしたちの真の幸せへの道が、十字架を担う道にしかないと言えます。しかし、何より隣で泣いている人に気づかなければなりません。そしてその人を気の毒に思うことがなければ、何も始まらないのです。

今週のみことば

　自分を捨て、自分の十字架を背負って、わたしに従いなさい。

今週もみことばとともに暮らしながら

　隣の人の悲しみを確実に見ましょう。

メ　モ

年間第 25 主日　　（マルコ 9・30―37）

宝の在りか

　本日の福音箇所を読むと、人間とはなんと愚かな存在なのだろうかと思ってしまいます。イエスが間もなく自分は殺されてしまうと語っているまさにその時、誰が一番偉いのか言い合っていたからです。弟子たちはイエスに「何を議論していたのか」と尋ねられて黙ってしまったので、自分たちがつまらないことを言い争っていたと恥ずかしく思いました。

　つまらないことにこだわっていると分かっていても、こだわってしまうのがわたしたちなのでしょう。そういう弟子たちやわたしたちに、「大切なことはそのようなことではない」と忍耐強く丁寧に教えてくれるイエスに感動しませんか。そしてあなたがたが「こんな人」や「あんな人」と思って軽く扱っている人こそ父が遣わしてくれた人であり、「こんなこと」や「あんなこと」とぞんざいに扱っていることに大切な何かが秘められていると諭してくれているのです。

今週のみことば

　すべての人に仕える者になりなさい。

今週もみことばとともに暮らしながら

　自分が「仕える者として考え、語り、行っているか」ということを意識して過ごしましょう。

メ　モ

年間第 26 主日

（マルコ 9・38—43、45、47—48）

党 派 心

「先生、お名前を使って悪魔を追い出している者を見ましたが、わたしたちに従わないので、やめさせようとしました」という冒頭のヨハネの言葉は、どれほどイエスの思いから離れていることでしょう。ヨハネは、一体何のためにイエスが宣教していると考えていたのでしょうか。

一人でも多くの人が悪霊から解放されて幸せになることがイエスの願いですが、「わたしたちに従わないのでやめさせた」という言葉は、まるでイエスを自分たちの独占物のように考えているようです。このような形でグループエゴや党派心が発生するのでしょう。つまり、自分たちこそ本家本元であるという意識です。

イエスの思いは、どのグループに属しているかなどということはどうでもよく、一杯の水を求めている人の存在に気づき、その人に水を飲ませてあげることが大切だ、ということではないでしょうか。

今週のみことば

　わたしたちに逆らわない者は、わたしたちの
味方なのである。

今週もみことばとともに暮らしながら

　わたしたちの周りに助けを必要としている人
はいないでしょうか。

メ　モ

年間第 27 主日　　（マルコ 10・2 ―16）

縁

　本日の福音箇所には、「神が結び合わせてくださった
ものを、人は離してはならない」という教えが登場しま
す。直接的には婚姻関係のことが語られていますが、あ
らゆる人間関係について言えるように思います。もちろ
ん、犯罪グループや倫理に反する人間関係は別です。
　人と人とのつながりは、わたしたちの計画や予想をは
るかに越えた出会いによって始まります。1 秒早くても
遅くてもすれ違いになり、1 メートル離れていたら出会
わなかったということもあるので、神が備えてくれたと
捉えるのが自然でしょう。大切なのは、出会いをどう受
けとめるかということです。積極的かつ肯定的に受けと
める時、先につながる関係が生まれ、相互の間に命が通
い合います。否定的に受けとめる時、そこですべては終
わります。善きサマリア人になるか、祭司やレビ人にな
るか ── 巡り会ったものを人が離してはいけない、と
イエスは言っているのです。

今週のみことば

　神が結び合わせてくださったものを、人は離してはならない。

今週もみことばとともに暮らしながら

　一つひとつの出会いをこれまで以上に大切にしましょう。

メ　モ

年間第28主日　　（マルコ10・17—30）

永遠の命を受けつぐ

　今回登場する金持ちの男は、落ち度なく掟を守り、豊かな財産のおかげで何不自由のない生活を送っていたことでしょう。しかし何か満たされない思いがあって、これでいいのかと自問する日々であったのかもしれません。そこで、思い切って「永遠の命を受け継ぐには、何をすればよいでしょうか」とイエスに尋ねました。すると、イエスはその人の最大の盲点、つまり「財産を捨てて貧しい人々に与える」ということを突いたのです。

　財産を捨てられないこの人は、イエスに出会う前よりも深い悲しみのうちにイエスから離れ去りました。しかし、彼を見つめ、いつくしみを持って諭し、自分に従うようにと招いたイエスの心は、さらに深く傷ついたのではないでしょうか。その人がそれ以降どのような日々を送り、どのような結末を迎えるかを知っていたからです。「財産のある者が神の国に入るのは、なんと難しいことか」という言葉に、イエスの悲痛な嘆きが表されているようです。

今週のみことば

　イエスは彼を見つめ、慈しんで言われた。

今週もみことばとともに暮らしながら

　自分を見つめ、慈しんで語るイエスを想いま
しょう。

メ　モ

年間第 29 主日　　（マルコ 10・35—45）

人生の杯

　杯は人間の人生にたとえられ、誕生からこの世を去るまでの間に経験した出来事で満ちています。わたしたちは、生きているうちに杯を手に取り、それを持ち上げて中身を飲み干すという三つの行為によって、人生の扱いの受け止め方について考えます。

　さまざまな種類のお酒があるように、人生にもさまざまな生き方があります。杯を手に取り、自分に与えられた人生を生きていこうという姿勢こそが大切です。

　人生の杯を持ち上げることは、人生の中に起こるすべての物事を受け止めることです。そして、杯を持ち上げ、その中身を認識するというのは、与えられたものを承諾することなのです。

　人生の杯を飲み干すことには、悲しみと喜びが交錯します。悲しみの中に潜んでいる喜びを認め、見つけることは大変な作業ですが、後になって振り返ってみると、その体験がなければ今の自分はなかっただろうと気づくはずです。

今週のみことば

このわたしが飲む杯を飲み、このわたしが受ける洗礼を受けることができるか。

今週もみことばとともに暮らしながら

今週の出会いと出来事を通して人生に乾杯しましょう。

メ　モ

年間第 30 主日　　（マルコ 10・46―52）

赤裸々で自由な魂

　盲人バルティマイは、これまでどんな生活を送ってきたのでしょうか。朝も昼も夜も、毎日毎日道端に連れて行ってもらい、物乞いをするために一日中座っていました。財産も仕事も家族もなかったかもしれません。人々のあわれみを頼りに命をつないできたのでしょう。失うものは何もなかったのでしょう。

　うわさに高いイエスが通ると聞いて、「ダビデの子イエスよ、わたしを憐れんでください」と叫びました。誰にどう思われようと、また叱られようと叫び続けました。闇の中のどこか近くにいるイエスだけに全身全霊で叫び続けました。この赤裸々な魂の叫びがイエスに届かないわけがありません。「何をしてほしいのか」というイエスの問いに、「目が見えるようになりたいのです」と率直に答えました。見えるようになったバルティマイは、当然イエスに従います。なぜなら、彼の魂はイエスにしか向かっていなかったからです。

今週のみことば

　何をしてほしいのか

今週もみことばとともに暮らしながら

　「結局、自分は何を望んでいるのか」と問いか
けてみましょう。

メ　モ

年間第31主日　　（マルコ12・28b―34）

神 の 国

　「あなたは、神の国から遠くない」とイエスは言いましたが、この律法学者には何が足りないのでしょうか。同じ場面がルカ福音書にも描かれており、そこでイエスは「それを実行しなさい」と言いました。分かっていても実行しないのなら意味はない、ということでしょう。
　さらに、幼い頃から律法を忠実に守ってきたという金持ちの男に対して、持っているものをすべて売り払って貧しい人に与え、自分に従うようにと招きました。イエスの招きに応じることのなかったこの金持ちは、「神の国に入るよりも、らくだが針の穴を通る方がまだ易しい」と言われます。つまり、人間には不可能だということです。
　「神の国から遠くない」ということと「神の国はあなたのものである」ということとの間には、人間の力では越えられない淵があるようです。その淵にいるのがイエスで、わたしたち一人ひとりがイエスとどう向き合うかということが淵を越えるための鍵なのでしょう。

今週のみことば

　神の国から遠くない

今週もみことばとともに暮らしながら

　握りしめているものを離して、イエスと向き合いましょう。

メ　モ

年間第 32 主日　　（マルコ 12・38―44）

レプトン銅貨二枚

　今回登場するやもめは、生活費をすべて賽銭箱に入れました。自殺行為と言えます。その先の生活をどうするつもりだったのでしょうか。おそらくルツ記のナオミたちのように、他人の農地の落ち穂を集めたり、恵んでもらったりして生活したのかもしれません。盲人バルティマイと同じく、人々のあわれみを頼りに命をつないできたと考えられるので、「もう駄目だ」と思ったことが幾度となくあったことでしょう。しかし、その都度思いがけない形で助けられてきたに違いありません。何も持たないが故に、はっきりと分かる神のあわれみをこの人は知っていたのだと思います。そのため、今回もそのあわれみにすべてをかけたのです。

　やもめの姿は幼きイエスのテレーズを思い起こさせます。テレーズも特別大きなことは何一つしませんでしたが、生活費の全部、すなわちレプトン銅貨二枚を賽銭箱に入れる日々だったはずです。神のあわれみの大海に、断崖から身を投げる生涯だったのではないでしょうか。

今週のみことば

　レプトン銅貨二枚、すなわち一クァドランスを入れた。

今週もみことばとともに暮らしながら

　神の賽銭箱に、レプトン銅貨二枚を入れますか。それとも一枚ですか。

メ　モ

年間第 33 主日　　（ダニエル書 12・1 ─ 3）

「命の書」に記すこと

　皆さんは日記をつけたことがありますか。日記は、日常生活の中での感動的な体験や大切な出会いなどを書き記すものです。それによって、人生における大切な思い出を保存し、振り返った上で新たな計画を立てることもできます。

　「命の書」は、一人ひとりの人生において、行ったことが記録されている日記のようなものです。そこには過ちや至らなかったことばかりではなく、実践した善き行いも記されています。終わりの日に、自分の罪に対する処罰への恐れに縛られることなく、行った善において承認をもらうのです。

　わたしたちは毎日の生活を送りながら、「命の書」にさまざまな形で善行を書き記しています。詩のような美しい記録もあれば、スケッチのような簡単な記録もあるでしょう。調和のとれたオーケストラのような記録や、非のうちどころがない絶品料理のような記録もあることでしょう。自分自身の「命の書」に、多様性のある生き

た記録をしているのです。

今週のみことば
　お前の民、あの書に記された人々は。

今週もみことばとともに暮らしながら
　今週は「命の書」にどんな記録を書くの
でしょうか。

　メ　モ

王であるキリスト（ヨハネ 18・33b─37）

キリストの声

　王の口から出てくる命令は、脅迫を感じさせる恐ろしいものです。また、生死を決定する声でもあります。ピラトの「わたしに答えないのか。お前を釈放する権限も、十字架につける権限も、このわたしにあることを知らないのか」という言葉のとおりです（ヨハネ 19・10）。

　一方、イエスの声は自ら命をささげるものです。ヨハネ 10・18 にある「だれもわたしから命を奪い取ることはできない。わたしは自分でそれを捨てる。わたしは命を捨てることもでき、それを再び受けることもできる」という言葉は、直面している死のみならず、全生涯において他者のために献身的に奉仕してきたイエスの生き方を明確に表しています。イエスの声は自ら人の命を保護し、安心させ、生きる希望を与えるものであることを実感できるでしょう。

　そして、イエスの生き方に伴う反対や裏切り、そして死刑を宣告される覚悟も分かるのではないでしょうか。まさに「仕えられるためではなく仕えるため」という一

貫した生涯の完成なのです（マルコ10・45）。

今週のみことば
　イエスはお答えになった。

今週もみことばとともに暮らしながら
　イエスの声に心の耳を傾けましょう。

メ　モ

著者略歴　レナト・フィリピーニ　(Renato Filippini)

1970 年　北イタリア・ゲーディ出身。
1990 年　「聖ザベリオ宣教会」入会。
1992 年　アメリカ・シカゴにある Catholic
　　　　　Theological Union (神学専攻) 修了。
1997 年　聖書学修士号取得。
　　　　　司祭叙階。同年に来日後、鹿児島教区・福岡教区・
　　　　　高松教区で司牧。
2017 年 2 月　ローマの教皇庁立サレジオ大学で司牧神学を研
　　　　　修 (信仰教育専攻)、修士号修得。
現　在　カトリック玉名教会・荒尾教会 (福岡教区) 主任司祭。

著書・訳書

　『イエスの教えてくれた祈り　「主の祈り」を現代的視点から』
(カルロ・マリア・マルティーニ著／篠崎榮共訳)、『イエスとの出
会い―その喜びを味わう』*Lectio Divina Series 1*、『詩編を祈る
―人間の経験から生まれる詩』*Lectio Divina Series 2*、『日々の
暮らしの中で―信仰を育て実践する』*Lectio Divina Series 3* (以
上、教友社)、『聖週間を生きる―毎日の黙想：受難と復活節の人
物とともに』(女子パウロ会)、『主日の福音を生きる〔C年〕―日々
の生活をみことばとともに―』(サンパウロ)。

インターネット上で日曜日の福音とキリスト教を中心とした
ヒントと一言や予備知識を毎週更新。
　ブログ：「レナト神父のブログ」、Facebook:「レナト神父」。

※聖書の引用は日本聖書協会発行『聖書新共同訳』を使用させていただきました。

主日の福音を生きる〔B年〕
── 日々の生活をみことばとともに

著　者 ── レナト・フィリピーニ
　　　　　大分女子カルメル修道会

発行所 ── サンパウロ

〒160‒0011　東京都新宿区若葉 1‒16‒12
宣教推進部（版元）　　Tel.（03）3359‒0451　Fax.（03）3351‒9534
宣教企画編集部（編集）　Tel.（03）3357‒6498　Fax.（03）3357‒6408

印刷所 ── 日本ハイコム ㈱

2020 年 11 月 1 日　初版発行